A.

y ángeles
protectores

Arcángeles y ángeles protectores

Editorial Época, S.A. de C.V.
Emperadores núm. 185
Col. Portales
C. P. 03300, México, D. F.

Arcángeles y ángeles protectores

Coordinación Editorial: Graciela Cato Guajardo

© Derechos reservados 2007
© Editorial Época, S.A. de C.V.
   Emperadores núm. 185, Col. Portales
   C.P. 03300-México, D.F.
   email: edesa2004@prodigy.net.mx
   www.editorial–epoca.com.mx
   Tels.: 56-04-90-46
          56-04-90-72

ISBN: 970-627-589-4
ISBN: 978-970-627-589-9

Impreso en México — *Printed in Mexico*

Introducción

En estos años el hombre se encuentra atrapado por las injusticias, el dolor y las enfermedades. Al sentirse ahogado por todos estos problemas, inicia la búsqueda de una ayuda espiritual y es así como redescubre sus raíces espirituales.

¿A veces sientes que sobre tu espalda traes un enorme peso? ¿Que la vida te ha llevado a un camino sin salida? ¿Que no encuentras la solución a tus problemas?

No te sientas solo, porque todos tenemos un ángel a nuestro lado, desde el instante en que nacemos. No importa si eres hombre o mujer, si naciste en la ciudad o en el campo, si tu signo es Virgo o Piscis o qué idioma hablas. Tú tienes tu propio ángel.

Los ángeles son seres poderosos, bondadosos, inteligentes y, al vivir en la presencia de Dios, nos traen Su mensaje. De ahí su nombre: "Angelum", que significa mensajero.

A través de la historia hemos conocido cómo el hombre adoraba a distintos dioses, aceptando con ello la existencia de un ser más poderoso; sin embargo, esta idea de divinidad se transformó al surgir el judaísmo como la primera religión monoteísta, es decir de un solo dios, creador de todo el universo.

Así se acepta también la existencia de seres que representan a Dios y que fueron creados al mismo tiempo que el hombre: los ángeles.

En las tradiciones judeocristianas se afirma que entre Dios y el hombre hay una serie de seres "intermedios", digamos entre lo humano y lo divino. Estos seres son las existencias angélicas que, al poseer diferentes niveles, su jerarquía estará determinada por el nivel de proximidad a Dios.

La jerarquía angélica se ha discutido mucho, aquí nos basaremos en la tradición Judeo-Cristiana, que parte de un punto central elevado y perfecto, que en forma circular y concentrada se difunde hasta el infinito por medio de los nueve coros angélicos.

Para acercarte al mundo espiritual no necesitas nada más de lo que ya tienes, ante Dios no hace falta ninguna vestidura especial, porque Dios sólo observa el corazón.

Aquí encontrarás no sólo la manera de comunicarte con ellos, sino algo más. La forma de vivir con un ser que te cuidará, te protegerá y te guiará en el camino de tu vida.

Mantén siempre tu fe y continúa tu comunicación espiritual con obras de bien, sin hacer mucho ruido. No permitas que te desgasten aquellos que no creen.

La jerarquía
de los ángeles

Los ángeles son mensajeros de Dios, son seres llenos de poder y de inteligencia. Son espíritus que carecen de cuerpo.

Los coros angélicos están ubicados en tres jerarquías descendentes y cada una tiene tres filas de órdenes:

PRIMERA JERARQUÍA: serafines, querubines y tronos.

SEGUNDA JERARQUÍA: dominaciones, virtudes y potestades o poderes.

TERCERA JERARQUÍA: principados, arcángeles y ángeles.

De estas tres jerarquías, es con la tercera con la que podemos contactarnos por estar más cerca de nosotros.

Demos un breve repaso a las tríadas angélicas.

PRIMERA TRÍADA

Es la jerarquía más elevada. Se trata de seres dedicados a glorificar y a alabar a Dios.

SERAFINES

Los serafines rodean el trono de Dios y constituyen el orden angélico más alto.

Son seres de pura luz y brillan con tal resplandor que cualquier ser humano moriría de miedo si viera a un serafín en todo su esplendor. Sin embargo, esto no significa que los serafines no interactúan con los humanos o que no nos escuchan, puedes hablarles y pedirles ayuda, pero lo más probable es que nunca los puedas ver.

Se dice que poseen seis pares de alas; dos tapan la cara, dos el cuerpo y las otras dos las utilizan para volar (algunos dicen que se cubren de la luz de Dios). Se les conoce como músicos o cantores de Dios.

Algunas veces se les representa con instrumentos musicales o cantando.

QUERUBINES

Se les atribuye la función de centinelas o vigilantes. Deben poner el límite entre lo sagrado y lo profano.

Trabajan con la sabiduría y están dirigidos por el arcángel Gabriel.

Su nombre deriva del hebreo "Kerub", que se interpreta como "el que intercede".

Se les representa como pequeños, rollizos y alados.

Funcionan como guardianes de la luz y las estrellas. Son espíritus poderosos, con un conocimiento y amor ilimitados.

Protegen cualquier templo religioso. También pueden funcionar como guardianes personales.

TRONOS

Tienen la misión de llevar el carro de Dios, transportando su justicia.

Manejan el impulso de vida y el impulso creador.

En la mitología se les menciona como carros de fuego o ruedas que conectan el Cielo con la Tierra.

La justicia y su impartición son importantes para ellos, por lo tanto dirigen su luz a las injusticias y envían energía de sanación a cualquier víctima.

Tienen gran interés por lo que están haciendo los humanos, sin embargo canalizan su energía por medio de tu ángel guardián.

Los tronos están dentro del grupo de ángeles de mayor tamaño y toman distintas formas; una de ellas, se dice, es la silla del Padre.

SEGUNDA TRÍADA

La forman quienes gobiernan el espacio y las estrellas. Integran lo espiritual y material. Unen la primera jerarquía con la tercera. No tienen contacto directo ni constante con Dios ni con los hombres.

DOMINACIONES

Son los sanadores e integradores en los niveles físico, emocional y mental. Transmutan lo enfermo por lo sano. Son los que gobiernan las actividades de todos los grupos angélicos inferiores a ellos.

Los puedes invocar para todo caso de enfermedad, física, emocional o mental.

Manifiestan la sanación, la verdad y fundamentalmente la perfección.

Sus ropajes son blancos o verdes con piedras preciosas y sus alas son de color tiza.

Cumplen el papel de líderes divinos y sus esfuerzos se dirigen a integrar lo material y lo espiritual.

Estos ángeles exaltan la belleza, la educación, la música, el arte, la sabiduría y el amor. Transmutan todo lo bueno para nosotros.

En ciertas ocasiones, se les muestra bajo una imagen femenina.

VIRTUDES

Son una fuerza veloz e inquebrantable. Se les atribuye la misión de otorgar milagros en momentos especiales. Trabajan con la sabiduría y el director es Dios.

Se caracterizan por ser pequeñas y muchas, y traen rápidamente la energía espiritual.

Quieren especialmente a aquellos que hacen un mayor esfuerzo por lograr más de lo que los demás creen que pueden hacer. Gustan de los emprendedores, ambiciosos y positivos que intentan iluminar y guiar a los demás hacia la armonía.

Son los ángeles de la naturaleza.

Transmiten mayor cantidad de energía espiritual en menor tiempo. Por la rapidez con la que se mueven, no se les alcanza a distinguir la figura y por eso generalmente se les simboliza como una carita con alas. Traen la respuesta de Dios en situaciones extremas.

POTESTADES O PODERES

Son ángeles guerreros y se les representa con armaduras; son el ejército del Padre.

Aquí se encuentran los ángeles del nacimiento y de la muerte.

Llevan el registro de la historia humana.

Son considerados guerreros espirituales que trabajan no por medio del temor y del odio, sino del amor compasivo.

Son los ángeles de la advertencia y te enviarán mensajes cuando alguien pretenda lastimarte.

Ellos deben enfrentarse a las fuerzas del mal, manteniendo al alma humana cerca de las buenas acciones.

Equilibran y reconcilian los opuestos (por ejemplo, donde hay oscuridad buscan la luz). Es un coro muy grande y de él depende el equilibrio entre el bien y el mal.

Este coro angélico tiene a su cargo que el mal nunca supere al bien.

TERCERA TRÍADA

Estos seres angelicales intervienen en las necesidades humanas.

PRINCIPADOS

Son los protectores de la naturaleza, de los grandes grupos humanos como pueblos y naciones; de las ciudades, de nuestro barrio, de nuestra manzana, de nuestra casa, nuestros animales y nuestras plantas. Los encontrarás donde se congreguen las personas ya sea para aprender, tomar decisiones o simplemente para divertirse.

También son ángeles integradores; acuden según nuestras necesidades o en momentos de desesperación.

Nos dan entendimiento. Sus virtudes son el servicio, el suministro, la serenidad, la paz y la sanación psicosomática.

Hay que pedirles todo lo que queremos sin pensar en cómo lo queremos.

ARCÁNGELES

Los nombres de ángeles y arcángeles terminan siempre en "El", de la raíz hebrea "Elohim", es decir el Espíritu.

Son los ángeles súper lumínicos, mensajeros que llevan los decretos divinos y están considerados como los intercesores más importantes entre Dios y los humanos. También los llaman los mensajeros de Dios.

Los arcángeles son los seres más evolucionados.

Disfrutan tratar con los seres humanos.

El príncipe de los arcángeles es Miguel, por ser el más antiguo.

Según la tradición hebrea son siete los principales.

ÁNGELES

Son los mensajeros de Dios. Auxilian a los seres humanos y están a sus órdenes.

Son seres asignados a una persona en especial. También se les conoce como ángeles guardianes.

Están en constante contacto con todos los ángeles de los nueve coros.

Si le pedimos ayuda a nuestro ángel de la guarda, él se la pedirá a la divinidad y a otros ángeles.

Su misión es alcanzar los favores y peticiones, además de proteger a los necesitados de ayuda.

Ya que los ángeles son formas de energía y cambian a voluntad, entonces pueden aparecer como un ser de cualquier raza y género.

Verás ángeles como necesites verlos y cuando lo necesites.

Ningún ángel es mejor o más importante que otro, cada uno tiene su función.

Según la tradición judía, los ángeles cantan de noche y callan de día, ya que en ese momento son los seres humanos los que deben alabar a Dios.

Los arcángeles

Los principales son siete, tienen libre albedrío y pueden presentarse sin ser convocados.

Arcángel Miguel

Su nombre significa: "El que es como Dios" o "Quien es como Dios".

Día en su honor: Domingo.

Sus colores son el rojo y el azul.

Propicia el valor y la protección ante la adversidad.

Velas: Azul para la justicia y rojo para la fortaleza.

Es el príncipe de los arcángeles.

Es el jefe de los poderes y las potestades

Lucha contra los demonios, las injusticias y la soberbia. Desafía a los poseídos por las fuerzas del mal.

Su lugar está al lado de los más humildes, de los niños y los desamparados.

El arcángel Miguel es el guardián de la paz, la armonía y la cooperación. Despeja las tinieblas, ilumina lo oscuro y aligera lo pesado.

Es un incansable luchador contra el mal. En su lucha contra Satanás, éste, haciendo alarde de su poder, enfrentó a San Miguel gritando: ¿Quién como yo? Y el arcángel de la luz le respondió: ¿Quién como Dios?, de ahí su nombre.

Vibra con el rayo color azul.

Sus virtudes son la voluntad de Dios, el bien, la bondad, la fe, el poder, la fuerza, la protección y el equilibrio.

Se puede invocar la presencia de este arcángel en el momento de una decisión importante y ante la falta de iniciativa para comenzar algo nuevo.

Atiende las súplicas de los que buscan justicia. Muchos acuden buscando su ayuda en pleitos legales.

Está muy ligado a la creatividad.

ORACIÓN

San Miguel Arcángel,
defiéndenos en la lucha,
sé nuestro amparo contra la perversidad y
asechanzas del demonio,
que Dios humille su soberbia
Y tú, príncipe de la milicia celeste,
arroja al infierno a Satanás
y demás espíritus malignos
que vagan por el mundo
para perdición de las almas.
Amén.

Arcángel Gabriel

Su nombre significa "Hombre de Dios", "Fuerza de Dios".

Día en su honor: Miércoles.

Sus colores son el blanco y plata.

Ahuyenta la falsedad. Ayuda a ser constantes. Atrae alivio ante la aflicción amorosa. Atrae las buenas compañías. Protege a las embarazadas.

Vela: Blanca.

Sus virtudes son la pureza, la resurrección y la ascensión.

Es el ángel de la revelación.

Es el príncipe de los ángeles.

Está hecho de fuego.

Es el encargado de anunciar los planes y acciones de Dios.

Reúne y pacifica a las personas distanciadas, torna apacible el hogar, interviene siempre que se le invoque para apaciguar a las personas enojadas.

Gabriel es el gobernador del Edén y el jefe de los querubines.

Se sienta a la izquierda de Dios.

Es el arcángel del amor, la esperanza, las revelaciones, la naturaleza, la creatividad, las artes y las emociones.

También se ocupa de nuestras relaciones con los ángeles.

Es portador de buenas noticias. En el cristianismo anunció a María la llegada de Jesús.

Representa: el ángel de la verdad, ángel de la anunciación, de la resurrección, de la misericordia, de la revelación y de la muerte.

Es el que está más cerca del hombre.

Vibra bajo la luz del rayo color blanco.

Se le invoca en momentos de gran abatimiento; en estados depresivos por personas que en algún momento de gran necesidad espiritual se sienten muy alejadas

de la gran sabiduría divina y del amor de Dios. Al invocar su presencia, hace que esas personas adquieran una
elevación espiritual de tal magnitud que se sienten más
cerca de Dios.

Es el arcángel de los cambios y las modificaciones. Lo
puedes invocar cuando desees realizar cambios provecho-

sos en la vida, por ejemplo una nueva casa, nuevos estudios, matrimonio o una nueva relación.

Imparte mucho amor a todo lo que existe.

El ángel Gabriel es el patrón de los clarividentes y
adivinos.

ORACIÓN

Gloriosísimo príncipe de la corte celestial
y excelentísimo San Gabriel,
primer ministro de Dios,
amigo de Jesucristo y muy favorecido
por su santísima madre,
defensor de la Iglesia y abogado de los hombres,
pues tanto favorecéis a vuestros devotos,
haced que yo os sepa amar y servir.
Oh! Dios que entre todos los ángeles
elegisteis al arcángel gabriel,
para anunciar el misterio de tu encarnación,
concédenos benignamente
que los que celebramos su festividad en la Tierra,
experimentemos su patrocinio en el Cielo.
Arcángel Gabriel, alcánzame del Señor
lo que deseo y pido para mayor gloria
y honra suya y provecho de mi alma.
Amén.

Arcángel Rafael

Su nombre significa "Divino curador".

Día en su honor: Jueves.

Sus colores son tonos de verde y blanco.

Propicia la curación, la verdad y el optimismo. Vence la falsedad. Está presente en lugares donde se necesita su auxilio para casos de dolor o enfermedad

Velas: Verdes para la sanación física. Blancas para la sanación espiritual.

Sus virtudes son la verdad, la sanidad y la consagración de todo lo que crece en forma correcta.

Es el príncipe de las virtudes.

Tiene dominio sobre el mundo físico, nuestro cuerpo y todo lo relativo a las sanaciones.

Tiene poder sobre el crecimiento, los cambios y las transformaciones.

Es uno de los siete ángeles del trono.

Es el jefe de los ángeles de la guarda, es el ángel de la providencia que cuida de toda la humanidad.

El arcángel Rafael es el protector de los enfermos. Su auxilio está en todo momento que haya enfermedad, dolor o aflicción. Protege a los matrimonios bendecidos y cuida de la felicidad en los hogares. Sus ángeles rodean los centros de salud.

Vibra bajo la luz del rayo verde.

Es patrón de los escritores. Dirige procesos de energía y salud en general.

Se invoca a este arcángel para la curación de enfermedades, tanto espirituales, físicas o mentales y para la sanación de nuestro planeta. También en los momentos

en los cuales hace falta vencer la falsedad derrotando a la mentira.

ORACIÓN

¡Oh!, poderosísimo príncipe de la gloria San Rafael,
llamado medicina de Dios,
salud de los enfermos, luz de los ciegos,
guía de los caminantes, protector de la limosna,
del ayuno y de la oración.
Por aquella caridad con que acompañaste
al joven Tobías y le guardaste de muchos peligros
librándole de la crueldad del demonio,
le preparaste un feliz matrimonio y

devolviste la vista a su anciano padre,
te pido, ¡Oh!, glorioso protector mío,
me libres de todos los males y peligros,
y me acompañes en la peregrinación
de esta vida mortal,
para llegar felizmente al puerto de la salvación,
el reino de los cielos.
Así sea.
Señor, que diste a tu hijo Tobías
por compañero de viaje al arcángel San Rafael,
concédenos la gracia de estar siempre protegidos
por su custodia y asistidos por sus auxilios.
Por Jesucristo nuestro Señor.
Amén.

Arcángel Uriel

Su nombre significa: "Rostro de Dios", "Fuego de Dios".

Día en su honor: Viernes.

Sus colores son tonos dorados y rojo.

Canaliza las energías de la abundancia. Provee gracias espirituales y terrenales. Ayuda a que se produzcan cambios rápidos. Atrae la buena suerte y la opulencia bien merecida.

Velas: Dorado para la paz y armonía. Rubí para el trabajo.

Sus virtudes son la paz, la armonía, la provisión, la curación y la gracia.

También se le conoce como el arcángel de la salvación.

Es el ángel del arrepentimiento y de la retribución.

Vibra bajo la luz del rayo color oro o rubí.

Ayuda a cumplir los objetivos y misiones de nuestra vida, dándonos ideas transformadoras. Es el guardián del mundo mental. Transmite a los seres humanos la luz del conocimiento.

Con su invocación se recupera la paz necesaria para poder sobrellevar un mal momento. La paciencia y la tranquilidad lograda con su invocación nos abre los horizontes para así lograr las soluciones adecuadas.

ORACIÓN

¡Oh!, Dios, que con inefable providencia
te dignas enviarme a tus santos ángeles
para nuestra guarda,
accede a nuestros ruegos y haz que
seamos siempre defendidos por su protección.
Señor, que nos confías a tus ángeles
para que nos guarden en todos nuestros caminos,
concede propicio que por intercesión
de tu glorioso arcángel San Uriel
nos veamos libres de los peligros presentes
y asegurados contra toda adversidad.
Glorioso arcángel San Uriel,
poderoso en fortaleza, imploro tu continua
custodia para alcanzar la victoria sobre todo
mal espiritual o temporal.
Protector mío, concédeme la gracia que te solicito
(se pide la gracia deseada)
si es conveniente para el bien de mi alma,
acompáñame y guía todos mis pasos hasta alcanzar
la vida eterna.
Amén.

Arcángel Zadkiel

Su nombre significa: "Fuego de Dios".

Día que le corresponde: Sábado.

Sus colores son el violeta y el rosa.

Nos ayuda a que seamos capaces de perdonar.

Velas: Violeta para problemas amorosos. Rosa para la paz.

Sus virtudes son la transmutación, el perdón, la compasión y la misericordia.

Es el príncipe de las dominaciones, auxiliar en las emergencias y los procesos que implican un juicio.

Es el príncipe de la profecía y de la inspiración, unido a las artes y la docencia. Trae ideas transformadoras para concretar las metas de personas débiles y desanimadas.

La influencia de Zadkiel se hace sentir en el momento en que estamos transitando por situaciones penosas, ya que su misión es la de alcanzarnos el perdón y de llevar nuestras cargas espirituales.

Promueve nuestra capacidad de perdonar, la transmutación, la misericordia, la compasión y el arrepentimiento.

Vibra con la luz del rayo color violeta.

Representa: La transmutación y la organización.

Es el protector de los que tienen que competir para triunfar, como los deportistas; los que tienen que demostrar sus capacidades; por ejemplo, en entrevistas de trabajo.

Se le invoca cuando se hace necesario un cambio, lo negativo por lo positivo.

ORACIÓN

¡Oh, Señor!, acudimos confiados
a tu divina potestad para que en mérito
a tu infinita muestra de amor de padre y protector
dispongas que el arcángel Zadkiel
proteja como ayer, hoy y siempre
a la indefensa humanidad,
especialmente a los niños.

Que el espíritu maligno sea
definitivamente aniquilado y que el amor
reine entre nosotros así como
tu amor se nos manifiesta
pleno e inagotable.
Amén.

Arcángel Jofiel

Su nombre significa: "Luz de Dios".

Día que le corresponde: Lunes.

Sus colores son el amarillo y naranja.

Propicia: Aciertos ante las dudas, el conocimiento y la elocuencia.

Ayuda para que la gente pueda entenderse en paz y armonía.

Velas: Amarilla para progreso material y espiritual. Naranja para aceptación social.

Virtudes: La sabiduría divina y la iluminación.

Nos proporciona apertura mental para encarar problemas cotidianos y penetrar en lo más profundo de la conciencia humana, haciendo con su luz que podamos ver más allá, donde la oscuridad no permite ver.

Es el mensajero de los secretos del corazón.

Aporta conocimientos ante las dudas, ayuda a que nos entiendan quienes no quieren escucharnos.

Representa: Los conocimientos y la sabiduría divina.

Vibra con la luz del rayo color oro o amarillo.

Se invoca su protección en momentos en que necesitamos claridad mental, iluminación y estabilidad.

ORACIÓN

Amadísimo arcángel Jofiel y
tus legiones de la iluminación y la sabiduría,
envuélveme en tus rayos
iluminadores para que yo sea capaz
de dominarme,
enséñame a exteriorizar las ideas divinas
que me vienen de Dios, a la forma.
¡Os doy las gracias!
Amén.

Arcángel Chamuel

Su nombre significa: "El que busca a Dios" o "Auxilio y fuerza de Dios".

Día en su honor: Martes.

Sus colores son el blanco y el rosa.

Propicia: Protección contra celos y envidias. Ayuda a vencer viejos rencores. Protege a los enamorados.

Atrae riquezas espirituales.

Velas: Blanca para protección. Rosa para el amor.

Virtudes: Están ligadas al amor, a la adoración y a las riquezas. En el amor comprende todo lo relacionado con la trascendencia, el amor a una persona y el amor a Dios.

Es el príncipe de las potencias.

Brinda su apoyo a aquellas personas que se encuentran solas y con falta de amor y respeto.

Lleva compasivamente a las personas al reencuentro y a la paz. Protege contra la envidia y elimina toda sensación de amargura.

Vibra con la luz del rayo color rosa.

Imparte coraje; se le considera como un gran protector contra los peligros que proceden del fuego. Protege contra asaltos y asesinos.

Interfiere en las relaciones interpersonales y de disciplina. Es el encargado de recibir las influencias de Dios para luego transmitirlas.

ORACIÓN

Amado arcángel Chamuel,

te amo y te bendigo y te ruego

que me mantengas

sellado en un pilar de llama rosa

de amor y adoración a Dios,
hasta que se haga
contagiosa a toda la vida,
que yo contacte hoy y siempre.
¡Te doy las gracias!
Amén.

A continuación podrás conocer los días, propósitos y colores de velas a utilizar para la invocación de los arcángeles:

Días, propósitos y colores de velas a utilizar para la invocación de los arcángeles

Arcángel	Día	Color	Propósitos
Miguel	Domingo	Azul y rojo	Protección. Iniciativa. Justicia. Valor. Decisión. Fuerza.
Gabriel	Miércoles	Blanco y plata	Elevación espiritual. Relaciones personales. Angustia. Cansancio mental.
Rafael	Jueves	Verde	Salud. Verdad. Constancia. Vencer la mentira. Optimismo.
Uriel	Viernes	Oro y rubí	Problemas materiales. Cambios rápidos. Paz. Abundancia
Zadkiel	Sábado	Violeta y rosa	Transmutación. Perdón. Limitaciones. Misericordia.
Jofiel	Lunes	Amarillo	Plano intelectual. Dudas. Incomprensión.
Chamuel	Martes	Rosa	Amor. Adoración. Envidias. Rencores. Tolerancia.

Tu ángel guardián

Todos y cada uno de nosotros tenemos un ángel guardián. Desde el momento en que nacemos, nos acompañará durante toda la vida.

Los ángeles guardianes son quienes vigilan nuestro crecimiento espiritual y protegen y defienden nuestras almas.

Nuestro ángel guardián bendice todo lo que hacemos para cuidar de nuestro bienestar espiritual.

Se ha dicho que en la infancia, alrededor de los dos años, y en la adolescencia nuestro ángel guardián tiene "mucho trabajo", ya que son dos momentos en que, de diferente manera, se desea explorar el mundo en que vivimos sin tomar en cuenta los riesgos y peligros que podemos correr.

Sin embargo, recuerda que siempre está ahí junto a ti. Tu ángel guardián es tu guía, es esa vocecita que escuchamos, es la luz que ilumina nuestro camino; te protege, te acompaña SIEMPRE y te previene de los peligros. También es tu colaborador incondicional, el más cercano y para siempre.

¿Acaso no has experimentado la presencia de ese ser divino? Recuerda aquella vez que te sentiste inexplicablemente acompañado estando "solo" o quizá tuviste un aviso "irracional" de algún peligro inminente o tal vez "de pronto" encontraste la solución a un grave problema. ¡Sí, ahí estaba tu ángel guardián!

Los ángeles no tienen un lenguaje especial, tampoco necesitan traductores, cuando quieren transmitirte un mensaje, es tu propia mente quien lo traduce al mismo idioma que tú hablas.

Pero este mensaje no llega a través del oído, es un sonido espiritual que podemos entender porque se activa un centro de energía que se encuentra en la coronilla de la cabeza, es por eso que sólo tú lo escuchas.

Si quieres establecer contacto con tu ángel, sólo debes llamarlo por su nombre, y si no es el correcto, ese mismo Ángel te lo dirá; ahora que si no conoces su nombre, pídele que te lo revele y después de un tiempo "escucharás" una corriente de pensamientos con el nombre de tu ángel.

Si al principio no logras el contacto que tú esperabas, no desistas ni te desilusiones, él se irá acercando y pondrá señales en tu camino.

Cuando le pidas algo a tu ángel guardián, lo debes hacer con toda la fe y confianza de la que eres capaz, por medio de la voluntad divina y en nombre de Jesucristo; haz tu petición de forma clara y precisa.

Debes tener en cuenta que ningún ángel te ayudará a conseguir algo que no mereces o si con esto buscas el mal para alguien.

Invocando a tu ángel

Para invocar a tu ángel debes sentirte libre y feliz, no albergar odio, rencor o resentimiento en tu corazón.

Dale armonía a tu vida y libera tus centros energéticos.

Perdona a quienes crees que te han ofendido y también pide perdón a quienes tú has ofendido; el perdón es muy importante para lograr la armonía.

Es recomendable encontrar un lugar tranquilo y donde estés seguro que no serás molestado ni interrumpido.

Puedes poner música relajante a bajo volumen o si prefieres también puede ser en silencio para tener serenidad.

Quema incienso de loto, sándalo o jazmín, sobre todo al invocar algún arcángel.

Si tienes una petición muy particular, el incienso de loto es el mejor.

Después puedes tomar la posición de loto que es ideal para la relajación y el contacto con los ángeles. Si no estás familiarizado con esta posición, puedes estar sentado o acostado, lo que te haga sentir mejor y más cómodo.

Cierra los ojos y respira profundamente para relajarte cada vez más.

En tu mente visualiza el problema para el cual necesitas ayuda.

Imagina que un enorme Sol emana una luz blancadorada que te cubre por completo; sin dejar de respirar profundamente, intenta que esa luz entre a tu cuerpo para limpiarlo y purificarlo.

Estás listo para pedir que el ángel que te pertenece se haga presente.

Es tiempo de que lo mires, estás listo para escuchar su voz, pídele que te revele su nombre y que una su energía a la tuya.

Dile que no te vuelva a dejar y que quieres mirarlo día tras día.

Ahora la presencia angelical está establecida y ya puedes formular tu petición o pregunta, la cual debe plantearse con toda claridad y precisión y sin que lastime o moleste a alguien.

Recuerda que debes darle tiempo de actuar y la demora va a depender de la petición que hayas hecho.

Contempla a tu ángel con amor y agradecimiento, date por enterado que desde este momento tu vida ha cambiado, ya que has permitido que tu ángel se integre a ti.

Junto con él empezarás a dar amor por donde vayas, él te protegerá, ya nada puede pasarte, escucha lo que te dice y también lo que te pide. Tu ángel estará estrechándote siempre, mientras tú se lo pidas.

Cuando hayas terminado, tómalo de la mano y dale las gracias por todo el tiempo que ha estado al pendiente de ti.

Es hora de volver y antes de abrir los ojos, siente la energía de tu ángel y dale de nuevo las gracias.

Después de esto, quienes te rodean te seguirán viendo igual, pero en tu interior un ángel resplandece para que otros ángeles lo vean y así tu luz inspire a todos aquellos que están cerca de ti.

No es raro que las primeras veces no recibas nada; si mantienes la fe y la paciencia, las señales llegarán.

También es común que las primeras veces sólo logres ver la energía, sin lograr la percepción a cien por ciento; sin embargo cada vez que realices el ejercicio para contactar a tu ángel trata de que esa luz te muestre su rostro humano.

Piensa en tu ángel constantemente, siempre debes incluirlo en todo lo que haces.

Agradece a Dios cada mañana por un nuevo día y también por tu ángel; después, mentalmente saluda a tu ángel de la guarda y visualiza que te toma de la mano para acompañarte todo el día.

Acostúmbrate a invitar a tu ángel a todos lados, ten presente que él siempre está ahí.

Si en algún momento olvidaste incluirlo en alguna actividad, vuelve a pensar en él, discúlpate y pídele que esté a tu lado.

Recuerda que los pensamientos van al plano que le corresponde a tu ángel y puede ver lo que pensamos; entonces, por medio del pensamiento puedes hablar con él, en cualquier lugar y en cualquier momento; sin embargo, no olvides que los pensamientos egoístas lo alejarán.

Una hermosa manera de agradecer su presencia, sus consejos y su protección es con la oración.

Buscando la protección
de tu ángel

Sabemos que cualquier día es apropiado para tener un encuentro con tu ángel; sin embargo, si necesitas aliviar algo o encontrar una respuesta muy específica, busca la comunicación el día que le corresponda a esa necesidad.

DOMINGO: Está influido por la energía del Sol y los asuntos que están bajo su influencia son cualquier cosa que implique grupos, trabajo comunitario, deportes al aire libre, compras y ventas.

Colores: Rojo y azul.

LUNES: Se centra en la energía de la Luna. Éxito en la búsqueda espiritual, los sueños, la salud, la energía femenina, los asuntos caseros y las cosas de origen familiar.

Colores: Amarillo y naranja.

MARTES: Está influido por la energía de Marte. Este día es bueno para el inicio de estudios, negocios, cosas mecánicas, compra y venta de animales y jardinería.

Colores: Blanco y rosa.

MIÉRCOLES: Está bajo la energía de Mercurio. Es un buen día para los escritores y los poetas; para realizar negocios y visitas de amigos. Es apropiado para la comunicación en general.

Colores: Plata y blanco.

JUEVES: Rige la energía de Júpiter. Es el mejor día para asuntos de dinero, la investigación, la superación personal y los estudios; también se favorecen los viajes y las reuniones sociales.

Color: Verde.

VIERNES: Está regido por Venus. Es el día ideal para todos los asuntos del amor; fluidez en la comunicación y la creación artística; también para hacer mejoras en la casa.

Colores: Dorado y rojo.

SÁBADO: Está bajo la influencia de Saturno. Es un día propicio para atender las deudas, financiamientos y bienes raíces; asuntos que traten con el público y la eliminación de malos hábitos.

Colores: Violeta y rojo.

Los ángeles y los colores

Se ha dicho que ciertos colores representan una intención o un sentimiento específico, sin embargo cada uno de nosotros armoniza con un color de forma personal.

Es importante que encontremos el color que nos funcione mejor para una situación determinada.

Sabemos que los colores afectan nuestra mente y nuestro estado de ánimo; sin embargo, éste también influye en los colores que elegimos.

Te recomiendo que experimentes para encontrar las combinaciones que funcionen mejor para ti ante una situación en particular.

Puedes empezar usando las combinaciones que aquí se sugieren, para que aprendas a usar los colores en tu beneficio.

BLANCO: Representa la fuerza espiritual, las energías angélicas, la pureza, la sinceridad, la verdad y la esperanza.

PÚRPURA: Ayuda para superar las dificultades en los negocios, en la sanación de las enfermedades serias, ayuda también a tener claridad de pensamiento, a la riqueza y las ambiciones mundanas.

AZUL: Es propicio para el control mental y emocional; brinda paciencia, tranquilidad, sabiduría y felicidad.

VERDE: Representa el sustento, la salud, la suerte, el dinero, la fertilidad y ayuda al cumplimiento de un proyecto.

AMARILLO: Promueve la comunicación, los viajes, la confianza, el intelecto, la atracción, el diseño y la alegría.

NARANJA: Es bueno para los estudios, las finanzas, estimula y sube el ánimo.

ROJO: Representa la energía, la impulsividad, la pasión, la virilidad, la victoria y promueve la conservación de la salud.

ROSA: Ayuda a conseguir el éxito, la compasión, a vencer el mal, a la sanación del espíritu y para la buena comunicación con los seres queridos.

DORADO: Implica valor, confianza, virilidad y éxito.

PLATEADO: Representa la sabiduría superior, promueve la energía femenina y además proporciona paciencia.

CAFÉ: Es propicio para el éxito financiero, la firmeza y la amistad.

NEGRO: Brinda protección, absorción de las actitudes y adicciones perjudiciales y ayuda a que retroceda la negatividad.

GRIS: Neutraliza y brinda equilibrio.

Las fragancias
y los ángeles

Los perfumes celestiales son energías sutiles que viajan desde el cosmos hasta atravesar la Tierra y se manifiestan por medio de flores, plantas, semillas, etcétera.

Estas fragancias también alcanzan a las tríadas angélicas.

Serafines: Gustan de todos los perfumes.

Querubines: Esencia de ámbar, rosas, jazmín, violetas, orquídeas y lirio.

Tronos: Flores de lavanda, romero, eucalipto y fragancias fuertes.

Dominaciones: Perfume de incienso, benjuí, mirra y semillas olorosas.

Virtudes: Flores silvestres y rosas de todo tipo.

Potencias o Potestades: Esencias oleosas de pinos silvestres, ámbar y esencias cítricas.

Principados: Esencias dulces y suaves, como por ejemplo violetas, rosas y ámbar.

Arcángeles: Prefieren las flores silvestres, ramas de pino, inciensos como sándalo, mirra, benjuí, alcanfor, laurel y romero.

Ángeles: El perfume de las frutas, flores de árboles y plantas frutales.

Siempre utiliza flores frescas para lograr una sensación de tranquilidad, paz y bienestar, lo importante es crear un entorno agradable.

Los ángeles y el zodiaco

Cada signo del zodiaco tiene asociaciones angélicas, está regido por un ángel que te cuida y te otorga dones especiales.

Se puede invocar al ángel que le corresponda a tu signo zodiacal para buscar su ayuda en tiempos difíciles.

ARIES

21 de marzo-20 de abril.

Ángel principal: Camael.

Planeta regente: Marte.

Elemento: Fuego.

Color: Rojo carmesí, azul y blanco.

Hierbas asociadas: Comino, cilantro, pimienta negra y clavo.

Flor: Margarita.

Partes del cuerpo que rige: Cabeza y rostro.

Palabra clave: Acción.

Ya que Aries representa el primer signo del zodiaco, los ángeles de Aries son los ángeles de los inicios, influyen en el liderazgo, el entusiasmo y la fuerza.

Son tiempos de equilibrio, de dejar atrás lo viejo y abrir espacio para el cambio.

Se cierran ciclos importantes para empezar una nueva etapa en la vida.

Encontrarás apoyo en el cariño de tus seres queridos.

Los ángeles de Aries son ángeles de acción, son veloces, valientes y apasionados.

Van donde otros ángeles temen ir, ellos te ayudarán en cosas grandes y pequeñas.

Camael, el ángel de Aries, es el ángel de la fuerza y la entereza, es el guerrero que rige los campos de batalla que se dan en tu interior.

Es la fuerza creativa que te ayuda a liberar tu alma para disfrutar plenamente todo lo que te rodea.

Su luz te ayudará en las relaciones interpersonales y las de amor.

Sus dones son el valor, la determinación y la fuerza espiritual.

Los nacidos bajo este signo están llenos de energía y entusiasmo, buscan experiencias que los pongan a prueba para demostrar que son los mejores.

Son optimistas y también arriesgados; no le temen al fracaso, sin embargo, es difícil que acepten sus errores.

Son amigos leales y generosos, aunque deben aprender a usar la diplomacia en su trato.

Se impacientan cuando los demás no pueden seguirles el ritmo.

La frase que se recomienda para Aries es: "Estarás bien cuando controles tu impaciencia y tus impulsos".

TAURO

21 de abril-20 de mayo.

Ángel principal: Anael.

Planeta regente: Venus.

Elemento: Tierra.

Color: Marrón y verde.

Hierbas asociadas: Manzana, lila, magnolia, rosa y tomillo.

Flor: Rosa y violeta.

Partes del cuerpo que rige: Cuello, garganta y laringe.

Palabra clave: Estabilidad.

Es momento de abandonar los hábitos nocivos y reflexionar acerca de la transformación.

Anael rige el planeta Venus y por lo tanto el amor. Invita a la sensualidad y también al amor por la naturaleza.

Ayuda a quienes nacieron bajo el signo de Tauro a no dejarse llevar por el materialismo ni aferrarse a las posesiones.

Proporciona un gran sentido de la belleza y ayuda a disfrutar de las sencillas cosas que rodean al ser humano.

Anael proporciona la habilidad para crear, imaginar y dar forma al amor y a la belleza por medio de los sentidos.

Sus dones son el amor, el placer, la fertilidad, la sensibilidad y la tolerancia.

Los nacidos bajo el signo de Tauro prefieren lo conocido, sintiéndose angustiados y muy ansiosos ante los cambios; no obstante no se resisten a ellos, sino que primero los estudian detalladamente antes de tomar una decisión para asegurarse que esa nueva situación será benéfica para ellos.

Son intensamente celosos y se enfurecen cuando se saben traicionados.

La frase que se recomienda para Tauro es: "Estarás bien cuando controles tus preocupaciones".

GÉMINIS

21 de mayo-20 de junio.

Ángel principal: Rafael.

Planeta regente: Mercurio.

Elemento: Aire.

Color: Amarillo y anaranjado.

Hierbas asociadas: Menta, eneldo, lavanda, hoja de limón, hierbabuena.

Flor: Lavanda.

Partes del cuerpo que rige: Hombros, brazos, pulmones y sistema nervioso.

Palabra clave: Variedad.

Los ángeles de Géminis se interesan en los ciclos mentales y en las energías como la comunicación y las ideas.

Son los que informan y propagan el conocimiento; protegen a los viajeros, escritores, conferencistas y cualquier cosa que tenga que ver con las relaciones públicas.

Rafael, el ángel de Géminis, es conocido como "el ángel brillante que cura", es uno de los más fuertes.

Su energía impulsa a explorar y a conectarse con el mundo, a comunicar y compartir con los demás lo que se ha aprendido.

Da fuerza para curar y orientar a otros usando las ideas y pensamientos positivos, ayudando también a uno mismo a curarse de los rencores, el odio y el pesimismo.

Sus dones son la comprensión, la capacidad de curar, la comunicación y el conocimiento.

Los nacidos bajo este signo son inteligentes, comunicativos y no se conforman fácilmente.

Por su ingenio y rápida imaginación, brincan de un tema a otro.

Generalmente poseen buen humor, pero tienen su lado oscuro y son un tanto impredecibles.

Son inquietos, buscan nuevas aventuras e intereses para saciar su curiosidad, frecuentemente tienen más de un trabajo y más de un amor, por lo que fácilmente pueden llegar a ser infieles.

Desprecian lo establecido y la autoridad, llegando a romper las reglas marcadas.

La frase que se recomienda para Géminis es: "Estarás bien cuando dejes que tus nervios y tu mente descansen".

CÁNCER

21 de junio-22 de julio.

Ángel principal: Gabriel.

Planeta regente: Luna.

Elemento: Agua.

Color: Naranja y verde.

Hierbas asociadas: Manzanilla, jazmín, limón, mirra, sándalo y rosa.

Flor: Jazmín.

Partes del cuerpo que rige: Estómago.

Palabra clave: Compasión.

Según la tradición hebrea, Gabriel es uno de los cuatro arcángeles y uno de los dos de mayor rango.

Rige sobre las aguas de la Tierra.

También gobierna nuestro mundo emocional, la intuición, la sensibilidad y la necesidad de reconocimiento público; nos permite entender a los demás y lograr las metas gracias a su energía protectora y compasiva.

Los ángeles de Cáncer ayudan a retener lo que ya se ha ganado.

La protección de Gabriel debe darte seguridad de que lograrás lo que deseas y de que tendrás tu vida bajo control.

Es el ángel guardián de la casa y la familia.

Los nacidos bajo el signo de Cáncer tienen una personalidad compleja y difícil de entender, ya que sus cambios de humor dependen de las fases de la Luna.

Pueden llegar a ser muy obstinados e infantiles y no se rinden hasta lograr lo que quieren.

Tienen una gran necesidad de ser amados y además se entregan completamente, ya que para ellos la lealtad está unida al amor.

Buscan la seguridad emocional en la familia y el aspecto afectivo es muy importante para los nacidos bajo este signo.

La frase que se recomienda para Cáncer es: "Estarás bien cuando dejes de mirar hacia el pasado y aprendas a ver hacia el futuro".

LEO

23 de julio-21 de agosto.

Ángel principal: Miguel.

Planeta regente: Sol.

Elemento: Fuego.

Color: Naranja y amarillo.

Hierbas asociadas: Albahaca, canela, jengibre, lima, naranja y romero.

Flor: Gladiola y girasol.

Partes del cuerpo que rige: Columna vertebral, espalda y corazón.

Palabra clave: Voluntad.

Miguel es uno de los cuatro arcángeles principales, brinda a los nativos de Leo sus dones especiales, como el éxito, la alegría, la creatividad, la inspiración y la habilidad de crear un mundo a su medida.

Con la llama de la iluminación, Gabriel permite ver las propias fuerzas y debilidades, las cualidades y los defectos.

Los ángeles de Leo son optimistas, entusiastas y profundamente fieles, son rápidos para ayudar en los asuntos del corazón, también les gusta colaborar con las personas que tienen un gran amor por la vida.

El arcángel Miguel es un excelente guía para seguir nuestro camino y para explotar los talentos naturales que poseemos.

Sus dones son la creatividad, la riqueza, la luz interior y la alegría de vivir.

Ya que el Sol rige a Leo, los nacidos bajo este signo se ven a sí mismos como el centro del universo y no existe otro signo en el zodiaco más orgulloso que éste; sin embargo, son generosos y cálidos y se entregan plenamente a las causas nobles.

Esperan de los demás la misma lealtad con la que ellos se entregan.

Tienden a proteger a los más débiles, aunque para Leo los más débiles son todos los demás.

La inseguridad de Leo lo hace necesitar del reconocimiento y los halagos constantes, y de no ser así se pone de muy mal humor y se torna huraño.

En el tema del amor, Leo prefiere tener el control y exige a su pareja no sólo fidelidad, sino, si se puede, hasta la obediencia total y, a cambio, Leo le dará fidelidad, pasión y lealtad a toda prueba.

La frase que se recomienda para Leo es: "Estarás bien cuando logres manejar adecuadamente tu estrés".

VIRGO

22 de agosto-22 de septiembre.

Ángel principal: Rafael.

Planeta regente: Mercurio.

Elemento: Tierra.

Color: Azul.

Hierbas asociadas: Eneldo, hinojo, madreselva, alcaravea.

Flor: Azucena.

Partes del cuerpo que rige: Vientre y dedos de la mano.

Palabra clave: Servicio.

Los ángeles de Virgo están interesados en la perfección de una acción, un pensamiento o una persona, es decir, la perfección en todo lo que los rodea.

Los proyectos que implican investigación, elegancia y creatividad caen bajo el reino de los ángeles de este signo.

Los ángeles de Virgo ayudan a trabajar para lograr las metas establecidas.

Se recomienda buscar a los ángeles de Virgo cuando se necesita la comunicación intelectual en una relación amorosa, también nos ayudan a encontrar una solución inteligente para un problema determinado.

Rafael es uno de los ángeles más fuertes; conocido como "el ángel que cura", representa el impulso de la superación por medio del conocimiento.

Rafael potencializa las energías para la curación y el perfeccionamiento; su energía permite a Virgo sacrificarse para dar fuerza y cuidar a los heridos y lastimados.

Actúa por medio de la mente para conectarla con el alma y el corazón.

Rafael ejerce su fuerza en la salud, el trabajo y la vocación de servir y ayudar a los demás.

Sus dones son la capacidad de curar, la comprensión y el conocimiento. Su mayor virtud es una gran conciencia de la salud y de lo que rodea al ser humano.

Los nacidos bajo este signo podrán no ser soñadores, pero son francamente realizadores.

Tienen una alta capacidad de trabajo y compromiso, le dan mucha importancia a los detalles.

Son impacientes con los más lentos o menos organizados que ellos. Altamente disciplinados y demasiado exigentes con los demás, son poco tolerantes tanto con los errores ajenos, como con los propios.

Son muy sensibles y con grandes necesidades emocionales.

La frase que se recomienda para Virgo es: "Estarás bien cuando no trates de lograr la perfección en todo lo que haces y cuando aprendas a recibir tanto como das".

LIBRA

23 de septiembre-22 de octubre.

Ángel principal: Anael.

Planeta regente: Venus.

Elemento: Aire.

Color: Rosa y azul claro.

Hierbas asociadas: Manzanilla, eneldo, eucalipto, pino, menta y vainilla.

Flor: Margarita.

Partes del cuerpo que rige: Riñones, región lumbar y piel.

Palabra clave: Armonía.

Los ángeles de Libra son la energía de la armonía y el equilibrio, les disgusta el desorden, el ruido y el caos.

Están involucrados con los asuntos de la vida y la muerte y la interacción entre ellos.

Anael, el ángel de Libra, invita a la sensualidad, al amor a la naturaleza y ayuda a no dejarse dominar por las cuestiones materiales y las posesiones.

Con su energía, Anael ayuda a conectarse con otras personas de forma natural. Otorga una visión especial para la belleza y un sentido humano para compartir con los demás.

Los dones de Anael son la fertilidad, la tolerancia, el amor, la sensualidad y el placer.

Los nacidos bajo el signo de Libra suelen dejarse llevar por las apariencias, juzgan a la gente por como se ve, lo que es un tanto contradictorio en este signo, debido a la sed de justicia que lo caracteriza.

Necesitan sentirse admirados y se preocupan mucho por su aspecto exterior, ya que es lo que proyectan a quienes los rodean.

Hacen un esfuerzo por lograr el balance y la armonía; intervienen en problemas ajenos para lograr la paz a cualquier precio.

Llegan a ser indecisos debido a que, a veces, no pueden definir sus sentimientos.

Libra es uno de los signos más comprensivos, por lo que sus nativos llegan a ser buenos consejeros.

Son optimistas, sentimentales, románticos y casi siempre están de buen humor.

La frase que se recomienda para Libra es: "Estarás bien cuando no trates de complacer a todos".

ESCORPIÓN

22 de octubre-22 de noviembre.
Ángel principal: Azrael.
Planeta regente: Plutón.
Elemento: Agua.
Color: Rojo oscuro.

Hierbas asociadas: Pimienta negra, café, pino y tomillo.

Flor: Crisantemo.

Partes del cuerpo que rige: Órganos urinarios, bajo vientre y genitales.

Palabra clave: Transformación.

Los ángeles de Escorpión están interesados en la devoción, en las búsquedas intelectuales y en los sueños y su interpretación.

Son muy buenos para descubrir la verdad, además trabajan con grandes cantidades de información para llegar a una conclusión.

Los ángeles de Escorpión también son extraordinarios místicos, gobiernan los poderes psíquicos, los estudios y el conocimiento oculto.

El ángel Azrael vigila la conexión entre la verdad y la ilusión, entre la vida y la muerte.

Combate en el interior lo que se ignora para así lograr la felicidad y la tranquilidad, por lo que algunas veces el ángel Azrael envía sus mensajes por medio de los sueños.

Azrael ayuda a entender la naturaleza de aquello que les da miedo a los nativos de este signo.

Rige la sexualidad, los temores internos, las pasiones más escondidas y los deseos más secretos.

Los dones de Azrael son la visión interior, la verdad y la fuerza espiritual.

Se ha considerado a Escorpión como el más poderoso de los signos del zodiaco.

Los nativos de este signo son intensos y apasionados, pero también son tan entregados como vengativos.

Son recios defensores de la justicia y pelearán a muerte por aquellas causas que consideren justas.

Nunca hacen nada a la mitad, viven su vida al máximo, al extremo; pueden ser al mismo tiempo fuertes y débiles, apasionados y fríos.

Su naturaleza impredecible y la intensidad con la que viven hacen que la gente prefiera mantenerse alejada, sin embargo pueden llegar a ser amorosos, generosos y totalmente leales.

La frase que se recomienda para Escorpión es: "Estarás bién cuando terminen los secretos y haya honestidad".

SAGITARIO

23 de noviembre-20 de diciembre.

Ángel principal: Sadkiel.

Planeta regente: Júpiter.

Elemento: Fuego.

Color: Azul y violeta.

Hierbas asociadas: Clavo, nuez moscada, azafrán y romero.

Flor: Narciso.

Partes del cuerpo que rige: Caderas, muslos y glúteos.

Palabra clave: Libertad.

Los ángeles de Sagitario están interesados en la fuerza dinámica; entre más fuerte, más grande y más audaz, mejor.

Aman a aquellos que quieren extender sus energías más allá de su propio entorno.

Sadkiel rige la abundancia, la prosperidad, los viajes largos y la generosidad.

Representa las habilidades naturales para curar. Emana poder y optimismo.

Crea grandes oportunidades de crecimiento y progreso y motiva a buscar la felicidad.

Sadkiel te enseña a que mires todo lo bueno que existe en el mundo y también que cuides de él.

Sus dones son la caridad, el poder, la empatía y la sabiduría.

Los nacidos bajo este signo parecen estar siempre en el lugar correcto, en el momento adecuado.

Son entusiastas, inquietos y lo suficientemente optimistas como para no dejar que nada los desanime.

Se inclinan hacia lo nuevo y emocionante y poseen una necesidad de libertad sin que nada los ate, por lo tanto valoran esa libertad por encima de cualquier cosa.

En ocasiones se ponen en situaciones de peligro debido a su insaciable curiosidad, entregándose a aventuras riesgosas o estableciendo relaciones poco sólidas. Pueden llegar a ser buenos amigos si esto no implica mucho compromiso, dicen lo que piensan aunque esto no les guste mucho a los demás.

La frase que se recomienda para Sagitario es: "Estarás bien cuando salgan de tus labios palabras de consuelo".

CAPRICORNIO

21 de diciembre-20 de enero.

Ángel principal: Casiel.

Planeta regente: Saturno.

Elemento: Tierra.

Color: Café y negro.

Hierbas asociadas: Madreselva, lila, tulipán y mirra.

Flor: Amapola.

Partes del cuerpo que rige: Huesos y rodillas.

Palabra clave: Logro.

Los ángeles de Capricornio son los ángeles de la madurez, la disciplina personal y la responsabilidad.

Transmiten mensajes a quienes son influyentes para que te ayuden.

Casiel reina sobre los negocios y las empresas, es el ángel de la buena suerte y te dará riquezas tanto en lo material como en lo espiritual.

Uno de sus mayores dones es la paciencia y la firmeza en tus principios morales.

Tu fuerza será la fuerza del ángel Casiel, no tendrás límites y al confiar en ti mismo lograrás todo lo que te propongas.

Con su ayuda podrá aflorar la energía que requieres para construir tu vida.

Sus dones son la fortuna, el poder, la madurez y la tolerancia.

El rasgo principal de los nacidos bajo este signo es la ambición, poseen un interminable impulso para lograr su misión en la vida, la planean detalladamente y no se detienen hasta lograrla.

Son personas muy inteligentes y se colocan fácilmente en el lugar de la autoridad.

Buscan la seguridad y quieren dinero como la forma de asegurar el futuro.

La frase que se recomienda para Capricornio es: "Estarás bien cuando comprendas que no siempre tienes que ganar".

ACUARIO

21 de enero-19 de febrero.

Ángel principal: Uriel.

Planeta regente: Urano.

Elemento: Aire.

Color: Azul fuerte y verde pálido.

Hierbas asociadas: Limón, lavanda, perejil, pino y anís.

Flor: Orquídea.

Partes del cuerpo que rige: Tobillos y la circulación.

Palabra clave: Verdad.

El enfoque principal de los ángeles de Acuario es la comunicación, propagan las formas de pensamientos universales para crear la armonía.

Ellos tratan con los amigos, las esperanzas, los deseos y los sueños a largo plazo.

Uriel es un transformador que trae el pasado al presente para dar fuerza al futuro, te ayuda a convertir el desastre en fortuna y a no abandonar tus sueños.

Con su luz te hace desear cambiar lo que está mal, a defender a los débiles y a pelear por el futuro.

Uriel es el espíritu de la paz y el amor divino que no conoce límites.

Sus dones son la compasión, el cambio, la paz y la luz.

Los nativos de Acuario son los excéntricos del zodiaco, viven en el futuro, son intelectualmente independientes y se vuelven impacientes con los que quieren limitarlos.

Discuten por el solo placer de hacerlo, aunque si tienen una opinión definida, la defenderán a capa y espada.

Para ellos las ideas tienen la misma importancia que la amistad y la fraternidad.

Son soñadores e idealistas y sus pensamientos van hacia el bienestar de la humanidad, aunque caen fácilmente en la desilusión al enfrentarse a la realidad.

Su mayor debilidad es encontrar la paja en el ojo ajeno y no hacer caso de sus propios defectos.

Su exterior tranquilo oculta una mente muy activa.

La frase que se recomienda para Acuario es: "Estarás bien cuando controles tus nervios".

PISCIS
20 de febrero-20 de marzo.

Ángel principal: Azariel.

Planeta regente: Neptuno.

Elemento: Agua.

Color: Verde mar.

Hierbas asociadas: Manzana, jazmín, mirra, lirio y vainilla.

Flor: Nube.

Partes del cuerpo que rige: Pies.

Palabra clave: Fe.

Los ángeles de Piscis se concentran en las energías de la fuerza interior y del poder invisible, están interesados en las artes sanadoras, especialmente en las que implican sanación con energía.

Azariel rige sobre la mente creativa y la no conscien-
te, juega un papel muy importante en tus sueños y en la
sabiduría que te da tu intuición, es la esencia de la creatividad. Azariel te enseña muchas veces enviándote mensajes contenidos en tus sueños.

Como guardián del agua que es, protege tus mareas
internas y refleja el amor a los demás.

Obtendrás todo lo bueno que mereces con sólo pedir su ayuda.

Sus dones son la espiritualidad, las emociones, la intuición y los sueños proféticos.

Piscis es un signo comprensivo, compasivo y emocional.

Al ser el último signo del zodiaco, representa la eter-
nidad y el renacimiento espiritual.

Los nacidos bajo el signo de Piscis tienen una sensibilidad inigualable hacia los demás, por consiguiente son
muy espirituales.

Al estar regidos por Neptuno, el planeta del misterio y la ilusión, la personalidad de Piscis es muy difícil
de definir, suelen mimetizarse con sus alrededores y evi-
tan rápidamente los conflictos.

Su buen humor y su encanto les abren todas las puer-
tas, son amables y bondadosos, pero tienden a sufrir alti-
bajos emocionales por su naturaleza dual.

Su confianza interna les ayuda a perseverar, sueñan
despiertos y se refugian en un mundo imaginario en don-

de son ellos quienes ponen las reglas, esto último les permite ser muy creativos.

Cuando un nativo de Piscis logra controlar sus crisis internas es de gran ayuda para quienes lo rodean.

A los nacidos bajo este signo no les interesan las apariencias debido a la intuición profunda y visión interior que poseen, y que les permite ver el alma de las personas.

La frase que se recomienda para Piscis es: "Estarás bien cuando no hagas tuyas las preocupaciones de otros".

TESTIMONIOS

Los tulipanes

La amistad de Mariana y Carolina empezó cuando eran unas niñas, los años pasaban y su relación se hacía más profunda.

Con la ilusión que da la infancia, un día prometieron ser amigas para siempre, sin importar lo que les deparara el destino, si seguían en la misma escuela, si vivían en la misma ciudad, nada importaría porque ellas siempre seguirían muy unidas.

Juntas aprendieron el cultivo de flores, principalmente el de tulipanes. El gusto por esta actividad les permitió disfrutar todavía más tiempo juntas.

Se ayudaban mutuamente, disfrutaban sus largas charlas, se aconsejaban y se brindaban apoyo cuando alguna tenía un problema.

Llegó el momento de ir a la universidad y decidieron estudiar lo mismo, ambas serían arquitectas.

Salieron de su ciudad natal y compartieron un departamento que sus padres les pagaban, nada podía ser mejor.

Parecía que la promesa que se habían hecho desde niñas se cumpliría sin problemas.

Un día, el amor tocó el corazón de Mariana, Rodrigo, un chico bueno y noble, la enamoró.

Carolina tuvo que entender que las cosas entre ellas cambiarían, ya no se veían con la frecuencia de antes, ahora Mariana también compartía su tiempo con Rodrigo.

Terminaron la carrera y el día que se graduaron Mariana presentó a Rodrigo, su gran amor, con toda su familia; Carolina sintió que los celos la invadían pero poco a poco lo fue superando, pensando que algún día ella conocería al hombre de sus sueños; mientras, se conformaría con ver a su amiga feliz.

Al poco tiempo, Carolina consiguió trabajo en una gran compañía de arquitectos y quiso que su gran amiga trabajara con ella, pero Mariana prefirió compartir más tiempo con su familia y dejó el trabajo para después.

La intensidad de la relación disminuyó notablemente, sus vidas empezaban a tomar rumbos diferentes, una dedicada a su familia y a su novio y la otra inmersa en su trabajo, aunque a veces se llamaban por teléfono.

El gran día para Mariana llegó, al fin se casaría con Rodrigo, debía compartir la noticia con su mejor amiga y así lo hizo. Carolina se alegró tanto por su amiga que le pidió ser su dama de honor, además le sugirió que debían adornar todo con tulipanes, ya que éstos representaban una hermosa etapa de su vida, la infancia.

La boda llegó, Mariana y Rodrigo estaban felices, sin embargo ese día no sólo fue el más importante para ellos, sino también para Carolina, ahí conoció a Eduardo, amigo y socio de Rodrigo y desde ese momento empezaron a salir hasta que se hicieron novios; el amor también los capturó y después de un tiempo decidieron casarse.

Fue Mariana quien le pidió a su amiga que la dejara arreglar su boda y adornar con tulipanes.

Otra vez sus vidas volvían a estar muy unidas, compartían su tiempo, hablaban de sus vidas y hacían cosas juntas, aquello era como en los viejos tiempos y ellas lo disfrutaban mucho.

Los años transcurrieron, vivieron como toda la gente, entre buenos y malos momentos, pero podía decirse que en general eran felices hasta que Rodrigo y Eduardo tuvieron problemas, lo suficientemente graves como para disolver la sociedad que tenían y terminar su larga amistad.

El problema llegó hasta Mariana y Carolina, quienes a pesar de cuánto las lastimaba tuvieron que alejarse ellas también, no volvieron siquiera a hablarse por teléfono.

Transcurrieron muchos años y un día Mariana se encontró con la mamá de Carolina y con cierta nostalgia preguntó por quien había sido su mejor amiga, la señora estalló en llanto y le dijo que Carolina había muerto hacía unos días.

Mariana sintió que se derrumbaba, la noticia le impactó profundamente, le lastimaba muchísimo no haber estado cerca de su amiga, no haberle dicho cuánto la quería y que el problema entre sus esposos había afectado el lazo que las había unido desde siempre, las lágrimas rodaron por sus mejillas.

Mariana pasó varios días sintiéndose muy triste, cargaba sobre su espalda una enorme culpa por estar lejos de su amiga los últimos años, por no haberle dicho cuánto la necesitaba y extrañaba, a pesar de esto le pidió ayuda a Dios aun sabiendo que ya era tarde.

Un día Mariana se encontraba en el jardín de su casa y aquellos pensamientos acerca de su amiga seguían dando vueltas en su cabeza, cuando de pronto escuchó una voz que le decía: "Dile a Carolina lo mucho que la amas", Mariana volteó a su alrededor pero no vio a nadie, ella pensó que había sido una jugarreta de su imaginación, pero expresó en voz alta lo que sentía.

A la mañana siguiente, Mariana volvió a su jardín, no podía creer lo que estaba viendo, habían aparecido unos hermosos tulipanes; embargada de emoción y llorando sin control le contó a su esposo lo que había sucedido el día anterior y la aparición de los tulipanes.

Después de esto, decidieron ir a buscar a Eduardo para contarle lo que había pasado, a partir de eso reanudaron su hermosa amistad.

Eduardo llegó a visitar a Mariana y a Rodrigo y cuando llegaron al jardín, estaba repleto de tulipanes y los tres pensaron que el ángel de Carolina estaba ahí con ellos.

Papá sigue conmigo

Cecilia era una pequeña de apenas cinco años, era una niña alegre y muy tierna, vivía con su madre y cuatro hermanos más grandes que ella.

Su casa se encontraba a las afueras de la ciudad, el rumbo era de gente sencilla y sin lujos.

Su padre era un buen hombre, respetable y trabajador, pero un accidente le había quitado la vida hacía relativamente poco tiempo.

Para Cecilia y su familia había sido un doloroso golpe, el cual afrontaron y sobrellevaron muy unidos.

Juan, el hermano mayor, se quedó al frente de la familia, afortunadamente se acababa de recibir de administrador de empresas y había conseguido un excelente puesto en una importante compañía reconocida mundialmente.

Con lo que él ganaba podía mantener a su madre, a tres de sus hermanos que seguían estudiando y a Cecilia que sólo se dedicaba a jugar y a hacer feliz a su familia.

Una tarde antes de salir de la oficina, Juan recibió una invitación del presidente de la compañía para que asistiera a una comida que ofrecería en su casa.

–Espero verte en mi casa con tu familia el próximo domingo, es un día muy importante: por un lado festejaremos mi cumpleaños y por otro me gustaría que habláramos de un nuevo proyecto que me da vueltas en la cabeza –dijo alegremente el presidente.

Juan aceptó gustoso agradeciendo mil y una veces por la invitación; sabía que era un honor asistir a esa comida, además creía que el presidente de la empresa pondría ese proyecto en sus manos gracias a su esfuerzo y responsabilidad en el trabajo.

Juan llegó a su casa y eufórico tomó de la mano a su mamá y bailó con ella, le daba giros y giros y cantaba alegremente mientras ella trataba de entender lo que le sucedía a su hijo.

Al escuchar la algarabía, Cecilia y los demás llegaron hasta la cocina.

Al fin Juan pudo contarles acerca de la invitación de su jefe y del nuevo proyecto.

–No podemos faltar a esa comida –dijo él–. Es una ocasión muy especial, dicen que la casa del jefe es como un palacio y que él no acostumbra invitar a cualquier empleado.

–¿Y qué me voy a poner? –preguntó una de sus hermanas.

–¡Yo no tengo nada elegante para ir a esa casa! –dijo alguien más.

–Calma, querida familia –los tranquilizó Juan–; mañana mismo vamos todos a comprar algo apropiado para la ocasión. Además –siguió diciendo–, si todo sale como yo espero, muy pronto nos iremos de vacaciones.

La cena de esa noche fue la más alegre de los últimos tiempos, estaban muy emocionados, todos felicitaban a Juan y Cecilia no dejaba de hacer planes para las vacaciones.

Al terminar la cena, todos ayudaron a su madre a levantar la mesa y a dejar en orden la cocina, después se prepararon para irse a dormir.

Esa noche, la mamá de Cecilia pasó a ver y a besar a cada uno de sus hijos, lo hizo como cada noche; al llegar al cuarto de Juan lo encontró hincado a los pies de la cama y hablando con voz baja.

–¿Qué haces, hijo mío? –le preguntó ella.

–Estoy rezando y pidiéndole a papá que me ayude a conseguir ese proyecto para poder darles a ustedes todo lo que se merecen –respondió Juan en un susurro.

La madre de Juan se acercó, lo rodeó con sus brazos y le dijo:

–Tu padre siempre está con nosotros, nunca se ha separado de nuestro lado, no nos ha desamparado y además estoy segura de que lograrás lo que te propongas.

Y sin decir más, le acarició el cabello, lo besó en la frente y se fue.

Llegó después al cuarto de Cecilia, quien jugaba todavía con sus muñecas; su madre se acercó y le ofreció leerle un cuento como solía hacerlo su papá.

Cecilia parecía no haber escuchado, sólo le preguntó en tono nostálgico dónde estaba su papá y por qué ya no estaba con ellos. Lo único que atinó a responder su madre fue que como él era tan bueno Dios había decidido tenerlo junto a Él y que desde allá los cuidaba y los veía, y que por eso ella debía comportarse como digna hija de su padre el día de la comida en casa del jefe de Juan.

La mujer llegó a su cuarto con el corazón hecho pedazos y se deshizo en llanto, en la soledad de su habitación se preguntó si realmente su marido estaría pendiente de ellos o si solamente era una ilusión para mitigar su dolor.

El gran día para Juan y su familia llegó, todos iban y venían, eran un manojo de nervios y se pulieron en su arreglo para verse lo mejor posible; al estar listos emprendieron el camino hacia la lujosa residencia.

La casa se encontraba en un lugar muy elegante y exclusivo, a su paso todos admiraban las casas que ahí habían, parecían sacadas de los cuentos de hadas que tanto le gustaban a Cecilia.

El único pero que se le podía poner a esa zona tan hermosa eran sus calles que estaban muy inclinadas, muy estrechas y con barrancos a los lados, eso era un peligro inminente.

Llegaron a la casa sin ningún contratiempo, Juan estacionó el auto, no sin antes cerciorarse de dejar la palanca en velocidad para evitar algún percance.

Como chiquillos llegando a la feria todos se bajaron muy emocionados, todos menos Cecilia quien se había quedado dormida en el asiento de atrás abrazando a su muñeca.

Juan decidió no despertarla y prefirió tomarla en sus brazos, pero en ese instante llegó un buen amigo del trabajo, lo saludó efusivamente y muy orgulloso le presentó a su familia; entre las presentaciones y la emoción del momento, nadie se dio cuenta de que Cecilia había despertado, ella decidió esperar en el auto a que su familia se desocupara, se puso a juguetear para distraerse y cuando el asiento de atrás le pareció muy aburrido decidió pasarse al asiento delantero. Cecilia imaginó que iba en una nave espacial y empezó a jugar con los botones, el volante, el freno de mano y la palanca de velocidades.

El auto empezó a deslizarse lentamente cuesta abajo, Cecilia pensó que su nave era mágica pues se estaba moviendo y se puso muy contenta sin imaginar el peligro en el que estaba.

Al darse cuenta los demás, el auto ya tomaba más velocidad, Juan corrió detrás del coche y le gritaba desesperado a Cecilia, quien al escucharlo se percató de que eso no era un juego, que no estaba en una nave y mucho menos que era mágica, sino que en realidad su vida corría peligro.

Cecilia le gritaba a Juan, le pedía que la sacara, que la ayudara, pero la inclinación de la calle le dio mayor velocidad al auto y aunque Juan corría lo más rápido que podía, la distancia entre él y Cecilia se hacía cada vez mayor.

El auto estaba fuera de control y se dirigía hacia un barranco, pero ni Juan ni sus compañeros lograron alcanzarlo, salió volando por los aires y al mismo tiempo que la madre de Cecilia gritaba horrorizada, se escuchó el estruendo que provocó la caída del coche.

Todos se quedaron paralizados, no acababan de creer lo que había sucedido.

Juan llegó a la orilla del barranco y al fondo pudo ver el auto destrozado con las llantas todavía dando vueltas, sentía que el corazón se le saldría del pecho.

El auto estaba a unos veinte metros de profundidad y la inclinación del barranco hacía muy peligroso bajar; pero sin pensarlo dos veces bajó desesperado, y a pesar de haberse caído varias veces y rodar por entre los arbustos siguió bajando y con el alma más desgarrada que la ropa logró llegar al auto.

Buscó a Cecilia entre los fierros retorcidos, las ventanas rotas y los asientos destrozados, pero desafortunadamente no la encontró; su desesperación crecía aún más, sus gritos desgarradores se escuchaban hasta donde estaban los demás y sólo obtuvo el silencio por respuesta.

Decidido a encontrarla rodeó el auto y fue ahí donde vio a su pequeña hermana que se acercaba caminando muy despacio, sin zapatos, con los pies muy sucios y abrazando a su muñeca.

Juan corrió hacia ella, la abrazó, la revisó detalladamente y se dio cuenta de que estaba perfectamente bien, salvo algunos rasguños en los pies nada le había pasado.

Con su dulce sonrisa, Cecilia preguntó por su mamá, Juan la tomó en sus brazos y la llevó con su familia que esperaba en la orilla del barranco imaginando lo peor; la alegría de ver a Cecilia sana y salva en los brazos de su hermano fue mayúscula, en ese instante su madre la besó, la abrazó y a voz en cuello agradeció a Dios mil veces por haber salvado a su pequeña, fue entonces cuando Cecilia le dijo que había sido su padre quien la había sacado del coche para que no cayera, que él la había salvado.

—Tu papito ya no está aquí —dijo la mamá tristemente.

—Sí, mamita —empezó a decir Cecilia—. Cuando el coche iba en el aire cayéndose, llegó mi papá y me preguntó si me quería ir con él al Cielo o si me quería quedar con ustedes, entonces le dije que prefería quedarme con ustedes para irnos de vacaciones como lo prometió Juan. Mamita, tú tenías razón, mi papá no se ha ido, él sigue conmigo.

Todos lloraron de felicidad y desde ese momento vivieron con la certeza de que alguien desde el Cielo cuidaba de ellos.

Mi dulce enfermera

Margarita era una mujer exitosa en la vida, tenía una hermosa familia, su marido era un hombre dulce y bondadoso y tenían dos lindas hijas que la adoraban, además trabajaba en una gran empresa ocupando un puesto directivo; parecía que la suerte siempre había estado de su lado.

Su cumpleaños se acercaba y su familia decidió hacerle una fiesta sorpresa; con toda discreción lograron organizar el evento sin que Margarita sospechara nada.

Invitaron a parientes, amigos y compañeros de trabajo, prepararon una exquisita comida y adornaron el jardín como para una reina.

El día llegó y nadie dijo nada acerca del cumpleaños de Margarita, ella no podía creer que su marido y las hijas que decían adorarla no recordaran que ese día era su cumpleaños, los tres actuaban como si ese fuera un día cualquiera.

Rodrigo le pidió a Margarita que lo acompañara a buscar algunas refacciones para el auto y quizás antes podrían desayunar en algún lado.

Ella un poco molesta accedió, en el camino no habló ni una sola palabra, en su cabeza daban vuelta mil pensamientos: que si su familia ya no la quería, que si Rodrigo tenía una aventura, que si sus hijas ya no la necesitaban ahora que eran mayores...

Rodrigo entretuvo a Margarita por varias horas, mientras sus hijas terminaban con los últimos detalles.

De regreso a casa, Margarita sólo pensaba en hablar con su madre para que la consolara, pues se sentía francamente dolida, nunca pensó que algún día le pasaría algo así.

Al llegar a casa se bajó rápidamente, lo único que quería era estar sola para poder llorar y hablar con su madre, pero al entrar lo que vio la dejó anonadada, ahí estaban todos aquellos que la querían, sus hijas corrieron a abrazarla y Rodrigo se acercó, la abrazó y la besó, ella les respondió con un guiño.

Después de varias horas de festejo, Margarita fue al jardín y se sentó a platicar con su madre y una tía.

Les contó todo lo que había pensado en la mañana, su tristeza y decepción y que lo único que quería era poder hablar con su madre para recibir el consuelo que ella siempre estaba dispuesta a darle.

—Me da gusto verte tan feliz con tu familia y tan exitosa en tu trabajo —le dijo su tía.

—Todo lo que soy se lo debo a mis padres, desde que era una niña me enseñaron a luchar por lo que yo quería, aprendí a ser responsable, sus consejos siempre me han ayudado en mi camino, ellos fueron mi primer tesoro –respondió Margarita.

–¡Ay, hija! Todavía recuerdo cuando estuviste al borde de la muerte y gracias a Dios saliste bien –comentó la madre de Margarita.

–Es cierto, me acuerdo que mi hermano tenía sarampión y me llevaron a una clínica a que me pusieran esa terrible inyección, dizque para no contagiarme. ¿Te acuerdas, mamá? –preguntó Margarita.

–¿Cómo no me voy a acordar? Si pensé que te perdería, no entendí muy bien las explicaciones que nos dieron los médicos, pero en lugar de que la medicina te hubiera ayudado, te puso gravemente enferma –respondió la mamá de Margarita.

–Como en sueños, me acuerdo de todos los cuidados que tuvieron conmigo, pero lo que sí tengo muy claro es el recuerdo de la enfermera que me cuidó la noche que estaba agonizando –recordó Margarita.

La sorpresa para su madre y su tía fue mayúscula, pues recordaban bien que en esa época la situación económica era muy difícil y no podían pagar a una enfermera.

–¿Cuál enfermera? –preguntó sorprendida la madre de Margarita.

–¡La que estuvo conmigo todo el tiempo, la que me cuidaba de noche, la que platicaba conmigo y me daba todo lo que yo necesitaba! No recuerdo bien su nombre, pero sí que era muy hermosa, sus grandes ojos reflejaban una paz extraordinaria, su piel era tan blanca como la nieve y su cabello oscuro caía sobre sus hombros... Estoy segura de que si no hubiera sido por sus cuidados, esa noche yo hubiera muerto –comentó Margarita.

–¡Ay, hija! Yo creo que la fiebre te provocó alucinaciones –empezó a decir la madre de Margarita–, nosotros nunca contratamos a una enfermera, con decirte que ni siquiera te pudiste quedar en el hospital porque no podíamos pagarlo y te llevamos a la casa, ahí te cuidamos junto con tu hermano, pero como tú dormiste la mayor parte de la noche, te dejamos sola más tiempo. No, hija, contratar una enfermera era imposible –terminó diciendo la señora.

Al ver el rostro de su madre y escuchar sus palabras, Margarita se convenció de que sus padres no habían contratado a nadie para cuidarla, sin embargo ella estaba segura de que alguien la había acompañado durante toda la noche.

Las tres guardaron silencio hasta que la tía de Margarita le dijo:

–Estoy segura de que tu ángel guardián estuvo ahí esa noche cuidándote. Muchas veces cuando estamos tristes o enfermos, aparecen ante nosotros para reconfortarnos y cuando nos recuperamos, desaparecen sin dejar rastro.

La fiesta de Margarita terminó y antes de acostarse se miró al espejo y se vio como una persona feliz y satisfecha.

Ahora Margarita no sólo tenía un año más, también supo que haber sobrevivido al riesgo de muerte en el que estuvo, los logros obtenidos en su trabajo y haber formado una hermosa familia no eran cuestión de suerte, sino una lucha constante por conseguirlo acompañada siempre de su ángel guardián, su mejor aliado.

Mi ángel nunca
me abandona

Pedro era un niño que pertenecía a una familia numerosa y de escasos recursos.

Su padre era escritor, apasionado pero poco conocido, su ocupación no le permitía mantener holgadamente a su familia, escribía día y noche esperando la oportunidad de lograr el éxito, la fama y el reconocimiento.

Su madre, una mujer abnegada y entregada a su familia, ocupaba su tiempo cuidando y atendiendo a sus cuatro hijos y a su marido; sin embargo, siempre se daba sus ratitos para pintar, un gusto que tuvo desde niña, pero que las circunstancias de la vida no le permitieron desarrollar. Hacía maravillas con el dinero que le daba su esposo, había muchas bocas que alimentar.

Pedro y sus hermanos asistían a la escuela oficial, no había para más y aún así eran niños muy estudiosos, aprovechaban y agradecían el esfuerzo de sus padres por enviarlos a la escuela.

Un buen día, cuando Pedro tenía como siete años, empezó a tener problemas en la escuela, sus calificaciones empezaron a bajar, a pesar de que él no dejaba de esforzarse.

Su mamá, muy preocupada, acudió a la escuela para hablar con la maestra, ambas estaban sorprendidas pues Pedro siempre había sido un chico muy estudioso y responsable; en la escuela siempre atendía sus clases y en su casa cumplía con todos sus deberes.

Después de deliberar un buen rato para descubrir qué estaba pasando, sospecharon que Pedro podría tener algún problema en la vista, decidieron estar muy al pendiente para comprobar si esto era así.

Tuvieron que pasar sólo algunos días para confirmar la sospecha que tenían, Pedro veía muy mal.

Con grandes esfuerzos, llevaron a Pedro al especialista y después de hacer un minucioso examen confirmó que la visión de Pedro estaba disminuida, la pobre madre del chiquillo se espantó, imaginando una enfermedad terrible, pero afortunadamente no era así, solamente tendría que usar lentes para resolver el problema.

Aliviada, su madre pensó que eso no sería tan caro y le pidió al doctor que le dijera cuánto tendría que pagar, ella haría cualquier esfuerzo por su hijo, sin embargo la cantidad por pagar era imposible de juntar, por más que la mujer hubiera estirado el dinero y ni dejando de comer una semana lo hubiera podido tener.

Triste y frustrada se llevó a su hijo a casa, mientras caminaban ella rezaba y rezaba, Pedro iba tomado de la mano de su mamá, cada uno cargaba con sus sentimientos y sus pensamientos, pero ninguno quería hablar. De pronto Pedro pateó algo, volteó al piso y vio un sobre, se detuvo y con la curiosidad que caracteriza a los niños lo recogió y lo abrió, su madre no había puesto mucha atención, pues estaba segura de que era pura basura, hasta que Pedro la sacó del engaño.

—¡Mamá, mamá, mira lo que hay adentro!

—No te detengas, mejor sigue caminando porque se nos hace tarde y yo todavía tengo montones de ropa que lavar —respondió su madre un poco fastidiada.

—¡Esto es mucho dinero! —alegó Pedro.

Sorprendida, la mamá de Pedro le arrebató el sobre y comprobó que el chiquillo decía la verdad.

—¿De quién podrá ser todo este dinero? —empezó a decir la señora muy nerviosa— ¡Hay que devolverlo!

—¿Y a quién se lo vas a regresar? —interrumpió Pedro—. Aquí hay mucha gente caminando, además no tiene ningún nombre.

La madre de Pedro no sabía qué hacer, volteaba para todos lados a ver si alguien estaba buscando el dinero, pero no fue así, se tomó unos minutos para pensar y de inmediato le dijo a su hijo:

—Este dinero es para tus lentes, mis rezos fueron escuchados.

Y sin decir más, guardó el dinero, tomó a su hijo de la mano y regresaron con el doctor para encargar los lentes de Pedro.

De vuelta a casa iban felices y muy agradecidos por el regalo que "alguien" les había puesto en el camino.

Al principio, nadie de la familia les creyó lo que les había pasado, pero al ver la nota de los lentes, no tuvieron la menor duda de que un ángel cuidaba a Pedro.

Los años pasaron, Pedro ya estaba en secundaria y seguía siendo un estupendo estudiante.

Un día, al salir de la escuela se colgó sobre la espalda su pesada mochila y emprendió el camino de regreso a casa, como siempre, iba rezando, había sido un día intenso, tuvo muchos exámenes, le habían dejado mucha tarea y estaba agotado, al caminar arrastraba los pies, parecía que cargaba al mundo entero.

Un escandaloso claxon lo sacó de sus pensamientos y cuando volteó tenía el coche casi encima de él y se paralizó del susto; en un principio no supo cómo le hizo, pero alcanzó a esquivar el auto, aunque éste le dio un fuerte golpe en la pierna izquierda.

Muy lastimado, sangrando y cojeando pudo llegar a su casa.

—¡Mira cómo vienes! ¿Pues qué te pasó? —gritó su madre al verlo.

Llevaba el pantalón desgarrado y los chorros de sangre dejaban huella a su paso.

Sin esperar ni un segundo, lo llevaron a la clínica más cercana, desafortunadamente Pedro había perdido mucha sangre y además tuvieron que coser la enorme herida que tenía en la pierna. No obstante, no tuvo consecuencias graves, salvo por algunas semanas de reposo y los cuidados pertinentes, todo salió bien.

De vuelta en la casa y con la tranquilidad de saber que Pedro se iba a recuperar, el padre de éste le pidió que les contara lo sucedido.

—Al salir de la escuela tomé mi camino de todos los días y como siempre venía rezando, igual que tú— se dirigió a su madre—. Me imagino que crucé una calle sin mirar a mi alrededor antes de atravesar y entonces escuché un claxon y al voltear, me di cuenta de que el coche ya estaba encima de mí.

—¿Y cómo hiciste para que no te matara? —preguntó uno de sus hermanos.

—Lo único que les puedo decir es que sentí cómo alguien me agarró de mi mochila que traía colgada en la espalda, me levantó y me hizo a un lado, en ese momento sólo sentí un golpe en la pierna izquierda y un dolor desgarrador.

Se miraron unos a otros y nadie cuestionó el relato de Pedro, pues ésta no era la primera vez que su ángel guardián daba señales de estar siempre a su lado.

La pierna de Pedro sanó sin complicaciones y aunque le quedó una enorme cicatriz, él agradecía estar vivo y en perfectas condiciones.

Pasaron algunos años y Pedro cursaba la preparatoria en una escuela religiosa muy exigente, con reglas y normas inflexibles al grado de llegar al maltrato.

Había un maestro que sancionaba y golpeaba a los alumnos si reprobaban alguna materia.

Un día, ese maestro llegó al salón de clases con las boletas de los alumnos, llamó al primero, revisó sus calificaciones y se las entregó al muchacho para que las revisara, acto seguido le preguntó cuántas materias había reprobado y de esto dependían los golpes propinados a los estudiantes. Así llegó el turno de Pedro, el profesor revisó la boleta, se la entregó a Pedro y le preguntó:

—Usted, ¿cuántas materias reprobó?

—Todas, excepto religión —respondió Pedro tímidamente.

Pedro empezó a rezar, cerró los ojos y endureció todo el cuerpo en espera de la golpiza, pero cuál fue su sorpresa cuando el maestro lo tomó del brazo y dijo casi a gritos:

—¡Tomen a este muchacho de ejemplo, no importa lo que reprueben, mientras estén bien con Dios!

Todo el salón se quedó mudo, nadie podía creer lo que había pasado, con esas calificaciones Pedro no se hubiera podido sentar en una semana.

Pero todavía le faltaba entregar la boleta a su padre y seguramente él sí se le iba a ir encima.

Llegó a su casa muy asustado y nervioso, había rezado como siempre durante todo el camino; sabía que su padre estaba desesperado porque la situación económica en la que vivían era terrible, había estado buscando trabajo durante meses sin conseguirlo y ahora él le llevaba unas calificaciones que para nada iban a gustarle. "Se sentirá defraudado y además se pondrá furioso, pero al mal paso, darle prisa", pensó Pedro.

La primera persona a la que vio fue a su madre y respirando profundamente le dijo:

—¿Dónde está mi papá? Necesito verlo pronto.

—¿Y usted, por qué no me saluda primero? —dijo la señora alegremente.

—Por favor, dime dónde está mi papá, necesito terminar con esto lo más rápido posible —insistió Pedro.

—Está en el cuartito de atrás —respondió la mamá de Pedro—. Está escribiendo y además espera que le llamen de un trabajo, a ver si en éste lo contratan.

Pedro volvió a respirar profundamente, empezó a rezar y se dirigió hacia donde estaba su padre, tocó la puerta y entró con la cabeza agachada, se acercó al escritorio y estiró el brazo para darle la boleta a su padre. Pedro no dejaba de rezar, en ese momento sonó el teléfono y rápidamente lo contestó el señor, al mismo tiempo miró las calificaciones de Pedro, las firmó y se las regresó.

Pedro no se movió de ahí, sabía que al terminar su padre le daría su merecido; después de hablar algunos minutos el señor colgó el teléfono, Pedro contuvo la respiración, rezó y rezó, el padre se levantó como lanzado por un resorte y eufórico le dijo a Pedro que le habían dado el trabajo que tanto había esperado.

Hoy Pedro ya ha formado una hermosa familia.

Para él no es necesario ver la cicatriz que le quedó en la pierna para saber que su ángel guardián siempre está con él.

Índice

Esta obra se terminò de imprimir en abril de 2009, en Editores Impresores Fernàndez SA de CV. Retorno 7 de sur 20 num 23 col. Agrìcola Oriental Mèxico D.F. Se tiraron 1,000 ejemplares màs sobrantes para reposiciòn, contacto: eif2000@prodigy.net.mx